산찾아 물따라

화산(和山) 김영권(金永權)

圖書出版 修書院

이 도서의 국립중앙도서관 출판시 도서목록(CIP)은 서지정보유통지원시스템 홈페이지(http://seoji.nl.go.kr)와 국가자료공동목록시스템(http://www.nl.go.kr/kolisnet)에서 이용하실 수 있습니다(CIP제어번호 : CIP2018028955).

축시/화산 김영권 시인 팔순에 부쳐

고령토로 청자를 만든다

시조시인 문학박사 금산 **박 상 문**

사람 중에 사람은
큰 성인을 말함이고

흙 중 흙은 고령토를
일컫는 말이며

철분 섞인
흙으로는
청자재현 못한다네.

인간 청자 만든 일에
삼십여 년 바치고서

한 평생 교단생활
자녀농사 잘 지어놓고

평소의
하고 싶던 일
찾아하는 성숙인

화산(和山) 김영권 시인은
명문대 역사학을 전공하고

시중(詩中)에도 원조가 되는
시조시인 되어서

큰 안목
넓게 보면서
청자 꿈을 키워 왔다

표정 없는 청자 보다
표정 있는 인간 청자로

누가 봐도 한 눈에 띄는
고령토의 청자로 남을

녹색 빛
가야 청자로
그 나이테가 돋보인다

머리말

고등학교 다닐 때부터 시조가 좋아서 시조해설집을 사서 일백 수십 수를 외웠다고 자랑한 일이 생각난다. 그 후 기회가 있는 대로 지어도 보고 그것을 낭송도 해 보았지만 잘 되지 않았다. 오랜 후에 정신을 차려 시조와 관련되는 몇 권의 책을 사서 보고 배우고 해 보았다. 그것을 간단히 생각해 본다.

우리의 옛 시문학에서 황조가, 구지가, 정읍사 등 고대가요, 신라의 향가, 고려시대의 속요와 별곡 그리고 시조 등이 있다. 그 중에 시조는 여말에 발생해 그 전통을 연면히 빛내면서 우리 것을 노래하고 민족혼을 일깨우는데 큰 몫을 하고 있다. 문학이 그 시대와 사회상을 반영하고 그리고 개인 생활과 신념 등의 소산이라고 보면, 시조만큼 자기 자신과 사회상과 우리 민족정신, 역사 그리고 국토와 자연을 잘 반영하려고 노력하는 문학 형태도 없을 것이다. 조선조에 와서 더 발전하여 각계각층(문인, 무인, 기생 등)에서 작품이 많이 나왔다.

퇴직 후 상경하여 3각산하 우이동에서 시조시인 박상문 박사를 만났고, 그 후 알려주신 대로 고등학교 때 은사님이신 일묵 임영창 선생님을 뵈옵고, 약 1년간 자상한 지도를 받으면서 새로이 많은 것을 알게 되었다. 일묵 선생님은 당시 불교문학 회장으로 여러 분야

에서 많은 활약을 하고 계셨다. 1년여 후 선생님의 추천으로 현대시조에 작품을 내어, 2001년 1월 봄호에 신인상 당선작으로 등단하게 되었다.

80대에 들면서 시조집을 내려고 차일피일하다가 이제야 이 졸저를 세상에 내 놓게 되었다.

도와주신 분이 많았다. 특히 크게 도와 주신 시조 시인 박상문 박사와 수서원 임직원에게 깊은 감사를 드린다. 가족의 배려도 많았다. 생각을 거듭해도 부족함이 너무 많다. 작품 활동을 할 수 있는데까지 노력하며 살아가야겠다. 지도편달을 바란다.

끝으로 우리 고유의 시형인 시조가 산과 같이 우뚝하게 빛나고, 대하와 같이 한 없이 이어가기를 바란다.

2018년 가을

의봉산하 용천가에서

화산 **김영권**

차 례

제1부 산찾아 물따라

산찾아 물따라

초목화 팔을 벌여
같이 살자 붙잡고

새들은 합창하며
쉬어 가라 말려도

우정은
소등에 타고
피리 불며 떠나네

청산에 살고 싶다

솔바람 맑은 숨결이
그리움으로 다가오고

산꽃과 물소리가
젊음처럼 싱그럽다.

새들의
합창도 좋네
청산에서 살고 싶다.

심산유곡

맑은 물 보고 싶어
찾아든 심산유곡

초목화 신선하고
즐겨노는 산새들

복사꽃
띄운 물드니
청정심이 절로 나네

물과 인생

한 없이 흘러가는
하많은 저 물들아

시원을 모르거든
끝갈데를 어찌 알까마는

한일랑
남기지 말고
갈 곳찾아 잘 가거라.

유유청청(流流靑靑)

청산은 높이 솟아
언제나 푸르르고

유수는 고금 없이
갈길찾아 잘 흘러가네

이 몸도
산수와 같이
유유청청 했으면

요산요수(樂山 樂水)

지자(知:智)는 요수하니
동(動)하고 즐겹게 살고

인(仁)자는 요산이니
정(靜)하며 수(壽)를 한다.

모두들
요산요수해
즐겨사며 수하소서.

* 논어(論語)에 있는 말씀.
知者는 樂水하니 動하고 즐겹게 살고
仁者는 樂山해 靜하고 壽를 누린다.

금오산(金烏山)-1

채미정(菜薇亭) 찾아들어
야은(冶隱)선생 뵙고서

호젓한 산길따라
금오산에 깊이드니

우렁찬
명금폭포음(鳴金瀑布音)
세월가도 여전하네.

금오산-2

채미정 금오산은
요원의 불길인가

호젓한 산행길에
옛 일이 생각나네

계곡의
맑은 물소리
세진풍파 잠재운다.

금오산-3

금오산 붉게 탄다
야은의 원일런가

친구들 너나 없이
서둘러 돌아 가건만

나는 왜
산속에 남아
돌아 갈 줄 모르는고

금오산-4

기암은 기기묘묘
무명초화 고요하다

산천도 변했구나
인적조차 드문데

선현은
어디를 갔나
대혜폭포(大惠瀑布)만 우렁차다

금오산-5

금오산 준령을 타고
약사암에 다다르니

금오야 펼쳤구나
금석유유(今昔流流) 낙동수(落東水)인데

한 모금
산정약수(山頂藥水)가
선경(仙境)에로 이끄네

금오산-6

하늘이 높푸르니
가을차림 늦을세라

색동옷 갈아입고
오는 손님 반겼더니

섧어라
꺾어들 가니
이 강산은 어일꼬

금오산-7

금오산에 단풍드니
타는 듯 붉노메라

객들은 돌아가자
걸음 바삐 재는데

어떻다
이내 마음은
산을 따라 깊이드노

우이9곡찬가(牛耳九曲讚歌)

제1곡 만경폭(萬景瀑)

삼각산 드높으고
난간에는 맑은 물 흐른다

큰벽은 병풍같다
날다람쥐도 못 오르겠네

흰명주
널어 놓은 듯
폭포수는 진동한다.

제2곡 적취병(積翠屛)

거암은 산과 같다
성석이 여기구나

유람객 대취해도
쉬 깬다는 뜻이리라

청벽이
마주 섰구나
계곡이 신비롭다

제3곡 찬운봉(撰雲峰)

돌무늬 기이하고
녹색절벽 부드럽다

바위는 층층이고
맑은 물 흘러가네

층암에
높이 앉으니
백운 저 멀리 광야가 보이네

제4곡 진의강(振依岡)

청산을 돌고도니
대암이 우뚝섰다

솔바람 시원하고
물소리는 풍악인데

청수가
대종암 치니
삼라만상이 놀라깬다

제5곡 세묵지(洗墨池)

큰 바위 대를 이루며
백옥같이 빛난다

잔 물결 곱기도 하다
꽃같이 흩날리네

큰 글자
쓸만한 거암
구유같이 생겼다.

제6곡 월영담(月影潭)

흰반석 깔린 위에
둥근못은 고요하다

확 트인 천지간에
수락산, 도봉산은 그림이다

월하에
신비한 절경
9곡중에 으뜸인가

제7곡 탁영암(濯瓔岩)

바위는 집채같고
잦은 폭포 아름답다

천관봉 드높으다
술 한잔 없을소냐

도사가
백운에 앉자
제자들이 시립하네

제8곡 수재정(水哉亭)

돌층의 신비함은
하늘의 조화인가

물살은 드높으고
그 소리 우렁차다

맑은 소
수재정 아래
명옥탄 연미천이 여기구나

제9곡 재간정(哉澗亭)

양안은 광명하고
모래는 순백이다

재간정 돌기둥이
유수에 맞대었네

서씨들
3대 정승이
여기에서 났다 한다.

* 위의 시조는 조선 영·정조대에 대학자이고 정치가인 이계(耳溪) 홍양호(洪良浩) 선생이 남긴 우이9곡기(牛耳九曲記)를 근거로 하여 편찬한 것이다.

제2부 삶, 인생(人生)의 길

소[牛]

시련이 닥쳐와도
흔들리지 않는다

성실한 마음으로
부지런히 일하며

한 세월
별말 안하며
생긴대로 살아간다

삶

떠나는 세월두고
안타깝게 생각말라

다가오는 미래에도
너무 기대하지 말자

우리는
매일 매일을
성실하게 살아가자

인생길

근간이 튼튼해야
지엽이 번성한다

만물에 본말있고
제반사는 시종있으니

선후를
잘 분별하여
인생길을 살아가자

* 四書 중 大學에 있는 말씀.
物有本末하고 事有終始하니
知所先後면 則近道矣니라.

산수와 삶

푸르른 산야위에
뭉게구름 피어난다

시원한 바위위에
정좌한 저 선비는

산수를
보고 생각해
인생도를 그린다.

푸르고파

청산도 푸르고
물 또한 푸르구나

푸르른 하늘아래
초목도 푸르도다.

그 중에
너도 푸르고
나도 같이 푸르고파

솔례(率禮)에서

낙강이 장류하고
이산이 청수하다

포산곽씨 세거하는
예의 마을 솔례는

충효열(忠孝烈)
일월(日月) 같구나
인생길을 밝혀주네

맞선

좋은 꽃 있다기에
찾아든 나비일세

산수 좋고 정자 좋다
복스런 꽃님이여

나비가
꽃도 좋다고
인연맺자 합니다

혼인

축복에 행복안고
무지개로 뻗는 희열

만인과 함께하며
온 누리에 퍼져라

오늘의
짝맞은 인생
백년해로 하리라

해운대에서

파도성 험한 항로
인생행로 하더이다

삶의 고락 살아감을
파도헤쳐 가듯이

그 소리
축가 삼아서
즐겨웁게 살리라

행복

어둠을 헤치면서
밝은 해 떠 오르고

청산에 뻐꾸기는
잘 살라 축원한다

모두들
수분역행(守分力行)해
행복하게 살아가세

곱게 살다 갔으면

석양에 단풍이
곱고도 아름답다

하늘이 푸르러서
아름답고 더 고우냐

이내 몸
저 단풍같이
곱게 살다 갔으면

영남(嶺南)-1

자연은 기절준수(奇絶俊秀)하고
인심은 순후질박(淳厚質樸)하다

인재의 부고(府庫)이고
문화재의 보고인 곳

영남은
민족혼 원천
늘 국정을 주도한다

영남-2

청고(淸高)한 기상(氣像)·절의(節義)는
태산교악(泰山喬嶽)에서 나오고

화랑정신 선비정신
연면(連綿)히 받은 우리들

영남인(嶺南人)
나라 위하며
화락(和樂)으로 잘 살자

연산군-1
-이름값을 잘하여라-

원당샘 솟아흐르고
도봉산은 청수하다

꽃들은 서성이고
새들은 깃을 찾을 때

연산군
취흥이 올라
시 한 수가 또 나오네

연산군-2

-이름값을 잘하여라-

3각산아 너는 보았지
한강수야 말 좀하여라

13년 왕위 생활에
군(君)자만 남았구나

만인께
전할 한 말씀
이름값을 잘하여라

제3부 고향유정(故鄕有情)

대가야-1

천지가 개벽하니
인세가 밝아온다

가야산이 둘러 있고
주·금산이 마주본다

낙강이
감싸 흐르고
옥야·청수가 곳곳이다

대가야-2

천신인 이비가와
가야산신 정현모주

천·지신 감응하여
나타나신 두분은

장자는
이진아시요
다음 분은 뇌질청예

대가야 건국설화는 조선때 된 『신증동국여지승람(新增東國輿地勝覽)』 고령현조에 보면 다음과 같다.

"…천신 이비가(夷毗訶)와 가야산신 정현모주(正見母主)가 감응하여 두 아들을 낳았는데, 첫째가 뇌질주일(腦窒朱日)이고, 다음이 뇌질청예(惱窒靑裔)다. 뇌질주일은 대가야를 건국하여 이진아시왕(伊珍阿豉王)이 되었다. 대가야는 16왕 521년(42~562)이다. 뇌질청예는 김해에 가서 가락국을 건국하였는데 그 역사는 10왕 491년(42~532)이다.…"

대가야-3

고령땅 대가야는
이진아시 세운 나라

뇌질청예는 김해 가서
대가락을 건국했네

두 나라
전후하여서
6가야의 맹주였다

대가야-4

대가야 16왕이
다스리기 521년

영역은 영·호남땅
천하에 이름났네

신전과
전각을 세워
성·경으로 모시세

대가야-5

농경생활 철기문화
국제무역 힘써해서

민생이 풍유했고
문화도 찬연했다

고령인
화합진력해
그 광영을 살리세

꽃 한송이 피려나

들판은 예전대로
아지랑이 일어나고

겨우내 마른 풀속
때만나 속잎나네

가슴은
허허한 벌판
꽃 한송이 피려나

진달래꽃 먹었지

산기슭 양지마을
그리운 나의 고향

개울물 노래하고
꽃잎에 나비들 때

동무와
동산에 올라
진달래꽃 먹었지

한 줄기 온풍이

너무나 부드러운
솜털같은 이 봄밤에

마음은 꽁꽁 얼어
녹을 줄 모르는데

어디서
한 줄 온풍이
나를 달래 보듬네

경칩일

개구리 놀라깨니
처녀가슴 부풀겠네

계곡에 물 흐르고
새싹들 돋아난다

춘풍아
이 몸에 불어
꽃 한송이 피워주렴

복중 한낮에

의봉산하 용천가
오동나무 그늘에서

죽부인 부여안고
낮잠에 들었는데

봉황이
나를 깨우며
얘기하자 졸라대네

대흥리(大興里)는 크게 흥하리라

낙강(洛江)이 둘러 흐르고
의봉산(儀鳳山)이 청수하다

봉황(鳳凰)이 감싸안고
용(龍)이 자리한 내 고향

대흥은
크게 흥하리
수복강령(壽福康寧) 하리라

성산면민(星山面民) 기(氣) 살리기

별들은 기를 주고
낙강은 둘러흐른다

봉황이 감싸안고
용이 자리한 우리 고향

성산은
5복 받으리
별과 같이 빛나리라

내 고향 고령(高靈)

주산의 거목들은
고령의 표상이요

모듬내 맑은 물은
화합진력 하라하네

대가야
살아나리라
고령인들 잘 살리라.

주산에 올라

주산에 높이 올라
사방을 살펴보니

반 천년 대가야자취
곳곳에 남아있다

고령인
힘을 모아서
그 영광을 되살리세

고향을 바라보며

낙강을 멀리두고
한강도 넘어와서

삼각산하 자리하니
아득한 주산·회천

서울이
좋다고하나
잊으리오 우리 고향

한가위

높푸른 하늘아래
살찌는 마소들

황금빛 5곡이요
백과도 무르익네

밝은 달
둥실 떠오네
오늘날만 같으소서

강촌풍광

세진을 멀리두고
강중에 낚시던지니

중천에 달은 밝은데
고기는 아니문다

동자야
주효내어라
강촌풍광 즐기자

설야(雪夜)-1

흰옷 입은 나목들
둘러싼 은빛세계

찬바람 가르며
밤새는 울어 예고

불 밝힌
오두막에는
옛 이야기 많겠다

설야(雪夜)-2

산도 없고 들도 없고
달빛 눈빛 뿐이네

원망도 꾸밈도 없이
세월조차 잠이든 듯

찬하늘
한가운데서
달 혼자서 웃고있네

설야(雪夜)-3

눈오는 깊은 밤에
하늘을 쳐다보니

기러기 줄을 지어
한없이 날아간다

조손(祖孫)은
둘러앉아서
오순도순 얘기 많네.

인생길

흰눈이 곱게곱게
산야를 덮었구나

둥근달 뜨는 밤에
길을 내며 나는 간다

인생길
눈길과 같이
맑고 밝고 했으면

정든벗

정든벗 오라함이
하도간절 하오니

세상사 공사간에
너도 잠시 쉬려무나

내가서
쌓였던 심회
한잔술에 풀고 오마

죽마고우(竹馬故友)

보고파 왔는데
애기도 하곮았는데

차 한잔 앞에 놓고
옛추억 나누려 했는데

친우야
언제만날까
행복하라 비는 마음

그리운 친우여

가면은 간다고나 하지
왜 말없이 떠났나

그리움에 하 지쳤던가
우정이 싫었던가

하기야
무어라 하리
부디 행복 하여라

여행

위아래 산해두고
쭉뻗은 동행로

여정이 즐겁기에
원근을 몰랐더니

연기가
어선풍경을
무심말라 하더라

제4부 역사(歷史)는 이어진다

대가락-1

천지가 개벽하니
일월이 밝아오네

백성은 있으나
군후가 없구나

6란이
황명을 받아
구지봉에 하강했다

대가락-2

김해에 대가락은
수로왕이 세운 나라

나머지 다섯분은
5가야를 건국했네

5백년
6가야사는
고대사에 빛난다

*고려때 된 삼국유사 가락국기에 기록된 대가락 건국설화를 간단히 적으면 다음과 같다.

"…황명을 받아 구지봉에 하강한 6개의 황금알이 동자가 되었다. 그 중에 한 분이 그 달 보름에 왕위에 오르니, 처음 나타났다고 하여 휘를 수로(首露)라 하였다. 나라를 대가락(大駕洛) 또는 가야국(伽耶國)이라 하니(42~532), 곧 6가야의 하나이다.

대가락-3

왕후를 맞이하자
신하들이 주청하니

천명을 따르리라
망산도에 가 보라

허 황옥
이유타 공주
돌배타고 오셨다

대가락-4

대왕과 왕후께서
두 분이 사시기를

하늘에 땅이 있고
해에는 달이 있으며

양에는
음이 있음과
같다했다 전한다

대가락-5

대가락 10왕이
다스리기 491년

농경생활 철기문화
무역도 힘써해서

만방에
국위떨치고
문화생활 찬연했다

승무전

원근종친 모여드니
혈연지정 따습다

승무전에 둘러앉아
위선목종 약속하네

가락인
대동 화합해
일통위업 이룩하세

* 승무전(崇武殿)은 흥무대왕(興舞大王 ; 휘 庚信)을 모신 전이다.
경상북도 경주시에 있다.

금호재에서

백월산 두대봉은
우리 선조 모신곳

주남호수 넘실넘실
철새들도 합장하네

후손들
숭조목종(崇祖睦宗)해
화락(和樂)하게 살아가세

* 금호재(琴湖齋)는 김해 김씨 판서(휘 : 不比)공파 대종회 재실로 경남 창원시 의창군 금산리 금동에 있다.

봉황각(鳳凰閣)

삼각산 봉황각에
청청한 많은거목

인내천(人乃天) 보국안민
만인께 전했구나

의암의
애민애국심
천지간에 가득하네

* 봉황각은 서울시 강북구 3각산하에 있다.

영남루(嶺南樓)

초목은 싱그럽고
뭉게구름 피어오른다

천하절경 영남루에
사람들은 모여 들어

산수를
보고 생각해
인생도를 배운다

포석정

옛 풍정 보고싶어
포석정 찾아가니

바람은 청량하고
자취도 남았는데

유수도
풍악도 없고
새소리만 처량하다

낙안읍성

선현들 지혜찾아
낙안읍성 찾아드니

그 많은 내우외환
슬기롭게 극복했네

이제는
낙안(樂安)하여라
유비무환 잊지말자

화석정에서

청산이 둘러 있고
녹수는 감돈다

5곡백과 무르익고
풍년가 드높으다

벗님네
요산요수해
5복갖춰 사소서

망선루

무심천 청주고을
소문만 들었더니

청풍명월 좋구나
망선루가 여기네

공민왕
과장 연후로
인재들이 더나네

추풍령을 넘으며

추풍령 넘나들기
바람도 힘겨운데

그 옛날 외적들은
쉽게도 넘었구나

오늘은
각종 차들이
역사물을 싣고 온다

외도

남해에 솟아 있는
외로운 섬 하나

초목화 살러오고
사람도 많이오네

외도야
이제 웃어라
세계인들 찾아오네

세연정에서

천리 길 육해도로
세연정을 찾아드니

수석송죽(水石松竹) 먼저와서
고산뵙자 기다리네

칠 석달
서천에 떴다
5우(五友)가 다 모였네

* 세연정은 전라남도 보길도에 있다.

신선대

산좋고 물맑은 곳
여기 이 신선대에

거문고 타던 신선
춤추던 선녀없네

길손아
춤과 노래로
신선놀음 놀다가세

* 신선대는 설악산에 있다.

소나무-1

깊고도 높은 곳에
고고한 저 소나무

속세가 싫어선가
동량재가 원이런가

말없이
늘 청정하니
그를 좋아 하노라

소나무-2

드높은 절벽위에
날개벌린 저 소나무

구만리장천 솟아오를
대붕의 꿈을 가꾸는가

거송(巨松)아
솟구쳐 올라
태양과 벗 하여라

소나무-3

한여름 불볕에도
동삼월 북풍에도

굽힘없이 지침없이
만고상청 푸른 그대

장대한
저 낙랑장송
우리들의 큰 선비여

소나무-4

노송은 쓸데없다
말들을 하지마소

세월싣고 휘어졌으나
제구실 못할소냐

묵묵히
지는 낙엽에
잔솔들은 자란다

제5부 범종(梵鐘)소리에 연꽃이 핀다

산사-1

꿈에도 그리웁고
보고싶던 심향이기에

발자국 소리마다
법열이 따르누나

때마침
범종(梵鐘)소리에
연꽃이 피어나네

산사-2

산찾아 구름따라
바람타고 내가 왔오

오고보니 혼자라
여정이 쓸쓸터니

때마침
벗님을 만나
좋은 밤이 되겠네

예불

정초에 예불하려
갓바위 찾았더니

청산은 어디가고
사람들 뿐이구나

마음에
부처님이니
집에 가서 예불하리

석굴암

천년고도 찾아들어
석굴암 빠질소냐

해돋이 때맞추어
본존불도 미소짓네

손 모아
아미타불 송
세세생생 비옵니다

해인사-1

치솟은 송림들은
영봉과 맞닿았고

우렁찬 폭포수는
창천에 사모치네

그 중에
일보 일보에
마음 또한 청량하다

해인사-2

속세의 잡음일랑
벽계수에 잠재우고

장엄한 해동일사
어연중에 법보일까

들리는
독경 소리에
세진잡음 간곳없네

고요함

정정한 고요함은
적막만은 아니니라

흐뭇한 평안일다
다사론 입김일다

유리광
동방국토가
배태되는 밤이다

수련화

햇살이 쏟아질 때
깨끗이 피어난다

태양이 순수할 때
3일간 피고지던

찬란한
그 수련화는
물에 안겨 잠잔다

도봉산에서

도봉산 상상봉에
자운이 피어난다

새들이 노래하고
물소리 청량쿠나

청수한
저 도봉산은
인생도를 깨움일네

지리산에서

겹겹이 청산이요
구비 구비 유수로다

초목화 싱그럽고
바람도 청량하네

좋구나
선현들 시도
구름처럼 멈춰있네

눈물의 상봉

한인가 그리움인가
통분인가 환희인가

상봉의 눈물흘러
원의 강을 이룬다

내일의
대하가 되라
샘물 솟듯 솟아라

비엔날레

반천리 달려오니
여기가 광주인가

비엔날레 한다기에
전시장에 갔더니

작품은
어디 있는고
사람들만 득실대네

바다낚시

파도는 넘실넘실
어부가 흥겹구나

갈매기 날아오르고
15야월 밝아오네

고기가
낚시거두고
주(酒)낚이나 하라네

흥

강촌에 주막술이
흥을 돋궈 가는데

삼오야월 밝아오니
미친 흥이 절로나네

기녀야
가무 잡혀라
이밤 한껏 놀아보세

맑은 풍류

하늘에 별은 빛나고
땅에는 꽃이 핀다

천지간 반공중에
새들이 노래하네

화조가
별과 어울려
한판놀자 하는구나

웃는 선생님

수십년을 매일 같이
웃으며 근무하셨는데

벌써 퇴임하시니
그 웃음 언제 만날까

선생님
웃고 사소서
수복강령 누리소서

못난 놈아

살면은 얼마 산다고
버둥대는 인간아

돈인가 감투인가
비아그라 먹고픈가

백년을
채우지 못할
못난놈아 등신아

정(情)

높푸른 하늘아래
맑은정 감도누나

방안에 불밝히니
따슨정이 절로 나네

벗님들
정두고 앉아
이 밤 한껏 놀아보세

칠순연

청수한 도봉산은
오래 살라 축원하고

한강은 흘러가며
즐겁게 살라하네

운봉님
수를 누리며
행복하게 사소서

흰 구름-1

세사에 뜻이 없어
산사에 앉았으니

사랑이 죄이런가
내 마음 둘곳없다.

삶의 길
어디에 있나
구름따라 오고가네

흰 구름-2

구름따라 바람따라
내 근심 띄웠더니

동풍은 어디가고
북풍이 왠일인고

무심타
이내 심정을
붙일 곳이 어디일꼬

추억

떠나온 이내몸이
무슨 할말 있겠나만

그리움에 찾아갔다
미련 없이 떠나왔으나

알알이
새긴 추억을
어찌 차마 잊으리

금오인의 횃불놀이

땅에는 불타오르고
촛불은 휘황한데

드 높은 함성이
천지에 우렁차다

힘내라
금오건아야
많은 축복 있으라

* 금오공업고등학교 체육대회 때

학우들아

함께 뛰고 공부하던
철없던 학우들이

오랜만에 모여앉아
옛 얘기로 꽃이 피네

오늘은
잔 들어가며
젊은 날의 기백펴세

동창회

큰 밝음 대명에서
일어 선 영남교야

상인에 자리옮겨
전국에 더 빛나네

나가자
영남인들아
해륙천지 열려 있다.

해 설

역사(歷史)로 향수(鄕愁)를 노래한 敍情

시조시인 문학박사 **박 상 문**

和山 金永權 시인은 20여 년 전부터 근교에 살면서 한 친목 모임으로 자주 만나는 문우이다. 김 시인은 명문인 경북대 사범대학 역사학과를 졸업하였다. 금오공업고등학교(21년) 등 주로 고등학교에서 교편을 잡고 교감으로 명예퇴직하였다.

시조 시인 임영창 선생님과 영남고등학교 사제지간의 인연이 있다고 하며, 퇴직 후 상경하여 만나 뵙고 더 배우고 공부하여 현대 시조 신인상으로 추천받아 등단을 했고, 그 당시 선정주·이문형·장순하 사백님이 심사위원이었다.

시조작품 활동을 하면서 성균관에 나가서 예절 교육과정도 이수하였으며 현재도 예절교육을 실시하고 있으며, 강의하면서 많은 사람들에게 예절을 가르치고 있는 예절통의 시조시인이기도 하다.

지금도 틈만 나면 명산, 관광지 등을 답사하며 발로 뛰고 머리로 생각하며 그에 걸맞는 시조를 써 온 것을 볼 수 있다.

자기 인생을 자연에 비유해서 써 놓은 시를 보면,

석양에 단풍잎이
아름답고 곱구나

하늘이 푸르러서
곱고도 더 아름다우냐

이내 몸
저 단풍같이
곱게 살다 갔으면
—곱게 살다 갔으면 전문—

보통 사람들은 김 시인뿐 아니라 오래 살기를 갈망하고 천년만년 살기를 소원하는 게 본능이다.

진시황은 그토록 오래살기를 원했지만 결국 50세를 일기로 하세상 인연을 다했다.

옛날에는 백세를 사는 사람이 거의 없었다. 그래서 하는 말이 "사람은 백세를 넘기지 못하지만 천년이나 더 많이 살기를 바라는 게 사람이다"

사람이 오래 살기 위해서는 마음의 중심이 바로 서야 하고 그러기 위해서는 명산, 대찰 등을 찾아서 성현께 기도 드리며 안식처를 찾아 오래 살기를 소원해 가면서 욕심을 줄여야 한다.

정초에 예불하려
갓바위 찾았더니

청산은 어디가고
사람만 보이누나

마음에
부처님이니
집에 가서 예불하리
　　　　　－예불 전문－

갓바위 기도터를 찾을 때는 푸른 수림을 연상하다가 현지에 가보니 우거진 수림 등 청산보다 기도하는 사람만 보이는가.

외형적인 경치나 수림을 찾을 게 아니라 자기가 생각하는 마음속 깊이 깔려 있는 본 마음 당처 자리를 찾겠다는 생각을 하며 기도하였다.

천년고도 찾아들어
석굴암 빠질소냐

해돋이 때맞추어
본존불도 미소짓네

손 모아
아미타불 송
세세생생 비옵니다.
　　　　　－석굴암 전문－

역사적으로 석굴암은 삼국유사에 있는 기록에 의하면 서라벌에 김복안 집에 김대성이 머슴살이를 하고 있는 중 흥륜사 주지 점개라는 스님께서 김복안 집에 시주를 받아 가면서 축원하기를 하나를 시주하면 만배를 받는다는 법설을 하는 것을 듣고 대성은 머슴살이해서 받은 모량이 밭 한 필지가 있었는데 그 밭을 어머니와 상의하여 흥륜사에 시주하였다.

그 후 김대성은 죽었다. 그 당시 장안에 늦게까지 아들을 얻지 못한 김문량 부부 집에 김대성이란 자가 이 집에 태어난다는 선몽을 받고서 김문량은 김대성이 살다 죽은 곳을 확인한 바 선몽대로 확실히 죽었음을 확인하였다. 그 아이가 김문량 아들로 태어나면서 왼손에 대성이란 글자가 새겨진 채 태어났기 때문에 현세 이름도 김대성 그대로 부르고 있으며, 그 아이가 차차 자라면서 김문량 부부는 대성의 전생 어머니와 현생 어머니를 한 집에 같이 모시고 살았다. 김대성은 성덕왕(聖德王)때 정승에 올라 현생의 부모를 위하여 불국사를 짓고 전생의 부모를 위해서는 석굴암을 창건했다고 한다.

치솟은 송림들은
영봉과 맞닿았고

우렁찬 폭포수는
창천에 사모지네

그 중에
일보 일보에
마음 또한 청량하다
　　　　　　-해인사 전문-

산은 새와 짐승 등을 기르며 맑고 깨끗한 공기를 베풀고 물은 고기와 어패류를 양육하는 등, 산과 물은 인간에게 큰 도움을 줄 뿐만 아니라 그 덕으로 인간이 받는 행복지수는 말로 표현할 수가 없다. 고기가 물속에 살지만 물의 고마움을 잊고 살 듯, 새가 바람을 타고 날지만 그 바람이 있다는 것을 알지 못하는 것과 같다고 하겠다.

기암은 기기묘묘
무명초화 곱구나

산천도 변했구나
인적조차 드문데

선현은
어디를 가고
대혜폭포 우렁차다
　　　　　-금오산-5 전문-

금오산은 경북 구미에 있는 산으로 화산 김 시인이 21년간(1회부터) 근무했던 금오공업고등학교가 그 산하에 있다. 경치가 아름답고 수려한 큰 명산으로 유명하다. 영남8경의 하나이다. 본래 산은 많은 것들을 안고 있으며 바다는 물고기, 해초 등을 길러 인류식생활에 어머니 같은 포근함을 주고 있는 게 산과 바다가 아닌가 싶다.

삼각산 봉황각에
청청한 많은 거목

인내천(人乃天) 보국안민
만인께 전했구나

의암의
애민애국심
천지간에 가득하네
-봉황각 전문-

봉황각은 삼각산하에 있다. 인내천은 동학의 가장 중심이 되는 것으로, 즉 '사람이 곧 하늘'이라는 것이다. 신분이나 계급을 초월하여 모든 인간이 평등해야 함을 뜻한다. 의암 손병희는 천도교 제3대 교주이다.

높푸른 하늘 아래
살찌는 마소들

황금빛 5곡이요
백과도 무르익네

밝은 달
둥실 떠 오네
오늘날만 같으소서
-한가위 전문-

높푸른 하늘 아래 한가위를 시로 형상화하려고 하였다. 내용이 마음먹은 대로 되었는지, 아니면 원둥치는 원래 하늘색이나 파란색도 아니고 노란색도 아닌지, 물의 본성은 본래 무색이지만 물이 많이 고여지면 깊어져 파랗게 보여질 뿐 본질 하늘색은 무색 무빛과 같기에 사람 마음에 따라서 변해져 보인다.

황후를 맞이하자
신하들이 주청하니

천명을 따르리라
망상도에 가보라

허황옥
아유타 공주
돌배 타고 오셨다
　　　　　　-대가락③ 전문-

삼국유사 가락국기에 있는 기록이다. 하늘에서 하강할 것이다. 여기가 어디냐 대답하되 구지(龜旨)라 하였다. 또 말하되 황천(皇天)이 나에게 명하기를 이곳에 내려가 나라를 세워 임금이 되라 하였으므로 내려갈 것이니 너희들은 마땅히 정상에 가서 흙을 파면서 "거북아 거북아 머리를 내어라 내지 않으면 구워 먹으리라"고 노래하면서 춤을 추어라 하였다. 유명한 시가이다. 『구지가』라 하며, 현전하는 최초의 집단무요로 서사시이다.

화산 시인이 사학자라 역사적인 면에 치중한 점이 시조를 창작하는데 있어서 작품도 그에 걸맞게 품위를 높여 주고 있는 게 큰 장점

으로 보여진다.

돌무늬 기이하고
녹색절벽 부드럽다

바위는 층층이고
맑은 물 흘러간다

층암에
높이 앉으니
백운 저 멀리 광야구나

청산을 돌고 도니
대암이 우뚝 섰다

솔바람 시원하고
물소리는 풍악인데

청수가
대종암치니
삼라만상이 놀라 깨네

-우이9곡중 제3곡 찬운봉, 제4곡 진의강 전문-

조선 영·정조때 대학자이고 정치가인 이계 홍양호 선생이 남긴 우이9곡기(牛耳九曲記)가 있다.

세계적으로 그 나라 서울에서 2~30분 걸려서 좋은 명산에 갈 수 있는 산은 대한민국의 삼각산뿐이다. 우리 민족은 이 산의 정기를 많이 받고 살아가고 있다. 청와대가 바로 삼각산 주봉하에 있으며, 노적봉 콧날 끝에 바로 청와대가 위치한다.

우이9곡중에 삼각산 층층한데 물까지 흘러 층암에 높이 앉으니 구름자락 깔고 앉은 듯 그 가운데 솔바람과 물소리는 영롱하여 신선이 부럽지 않구나 함을 읊고 있는 듯하다.

끝맺음

김 시인은 역사적으로 기록되어 있는 유명한 곳 등을 찾아가서 확인하고 공부하면서 『산찾아 물따라』 시조집을 출간하게 되었다.

대가야와 대가락 등 6가야와 여러 사적지 등을 발로 뛰며 역사로 시를 짓고 금오산과 석굴암, 해인사 등을 배경으로 향수를 노래한 시와 우이9곡 한수한수 빼놓지 않고 사학자답게 시조로 형상화한 것이 특색이 아닌가 싶다.

전체를 5부로 나누어 역사로 향수를 진하게 노래한 향토적 서정의 시조를 나름대로 서술하지 않았나 싶다.

이 시집의 상재(上梓)를 계기로 작품 세계가 더욱 향상되기를 바라면서 화산 시조시인 문학행로에 큰 발전있기를 바라면서, 건강에도 더욱 신경쓰시기를 빕니다.

김영권(金永權)

아호 : 화산(和山), 우정(牛丁)
시조시인, 역사교사, 전례사, 실천예절지도사, 교도(상담)교사
경상북도 고령군 성산면 대흥리 생·장, 정축(丁丑)생.
박곡국민학교·영남중고 졸업
경북대학교 사범대학 역사과 졸업
김해김씨판서공파금호재대종회 회장(전), 고문(현)
가락국 시조 김수로대왕 남릉참봉 역임, 중앙이사(현)
가락중앙종무위원 문화분과위원장 역임. 고령 종친회 고문
금오공고 21년 등 교사 경력 32년, 교감으로 명예퇴직
국사편찬위원회 사료조사위원(경북, 서울) 약 20년 활동
경북·대구지회 초대 총무
성균관유도회 총본부, 상임위원(전), 성균관 전인(전)
고령문화원(경북) 부원장(전), 강북문화원(서울) 고문(전), 도봉학연구소 고문(전)
서울문화사학회 감사(전), 서울역사문화포럼 부회장(전)
한국카운슬러협회 경북지부감사·부회장(전).
재경고령향우회 고문, 현대시조회원, 한국시조시인회원
한국문협회원, 가락회보 편집위원(전), 덕양전헌관, 선농대제때 신농황제 헌관.
예절강사(고령군, 관악구, 도봉서원 등), 동북일보(서울) 고문(전), 성균관 석전보존회원, 가락종친회 강사, 성균관유도회 도봉지부 회장(현)

[논 · 저 등]

화산 김영권고희시·문집(시조 약 100수, 충경, 효경, 대학의 3강령과 8조목, 가락국사, 가락국기, 흥무대왕 등)

가락국기 편역(2012년 12월)

화부산사 중수사적비문 작성담당(흥무대왕 김유신 모심. 강릉)

가락회보에 '흥무대왕 김유신' 12회 연재)

매오 · 금창 · 눌암 충효비 근찬(금호재 : 창원, 2006년 봄)

고령군의 비(상), 1999년 12월 초판 2001년 12월 재판. 경북 고령군 성산면지 편찬 자문위원

구미상의(龜尾商議) 10년사(史)에 구미의 연혁·자연·맥락, 인동의 맥락 등 집필(1991. 11.), 각지지(고령신문, 동북일보, 유교신문, 유림신문, 각 문화원 등)에 다수 기고,

강북구(서울) 연혁 및 각 동의 유래 등 집필(2005년).

한국의 향토문화자원 1권 강북구편집필, 전국문화원연합회 발행(2000년 12월 30일)

처사 남명 조식-조선의 선비-(2013. 1. 25 증보판)

충(忠)·효(孝)·대학(大學)(2013. 2, 수서원), 김해김씨판서공파금호재 대종회보 발행(1~5호)

명심보감(2014. 8, 수서원), 4자 소학(2015. 8. 15)

대가락국사의 이해(대가락국사, 3가문, 흥무대왕, 4국시대, 4전 4릉, 12사우 등, 2015. 6. 제2쇄 수서원), 도봉유도회보 창간(2015. 2)

산찾아 물따라 시조집(2018. 9.)

[연락처]

인천시 부평구 장제로 117 인천노인전문병원 내

전) 032)506-6262,　팩스) 032-502-7555

휴) 010-3546-1633

산찾아 물따라

인 쇄 2018년 9월 1일
발 행 2018년 9월 5일

저 자 金永權
발행인 孫光春
발행처 圖書出版 修 書 院
서울특별시 성북구 삼선교로 2길 7-3
(1층, 삼선동1가 15-2)
TEL. 765-0924~5, FAX. 765-0927
E-mail suseowon@hanmail.net
등 록 1971.12.9. No.2-282
ISBN 978-89-6798-050-4

〈정가 10,000원〉